BEI GRIN MACHT SICH IHR WISSEN BEZAHLT

AF141500

- Wir veröffentlichen Ihre Hausarbeit,
  Bachelor- und Masterarbeit

- Ihr eigenes eBook und Buch -
  weltweit in allen wichtigen Shops

- Verdienen Sie an jedem Verkauf

Jetzt bei www.GRIN.com hochladen
und kostenlos publizieren

GRIN

Carsten Krüger

Optimierung von Automobilteilen mit Hilfe von evolutionären Algorithmen und der Finite-Elemente-Methode

GRIN Verlag

Bibliografische Information der Deutschen Nationalbibliothek:

Die Deutsche Bibliothek verzeichnet diese Publikation in der Deutschen National-bibliografie; detaillierte bibliografische Daten sind im Internet über http://dnb.d-nb.de/ abrufbar.

Dieses Werk sowie alle darin enthaltenen einzelnen Beiträge und Abbildungen sind urheberrechtlich geschützt. Jede Verwertung, die nicht ausdrücklich vom Urheberrechtsschutz zugelassen ist, bedarf der vorherigen Zustimmung des Verlages. Das gilt insbesondere für Vervielfältigungen, Bearbeitungen, Übersetzungen, Mikroverfilmungen, Auswertungen durch Datenbanken und für die Einspeicherung und Verarbeitung in elektronische Systeme. Alle Rechte, auch die des auszugsweisen Nachdrucks, der fotomechanischen Wiedergabe (einschließlich Mikrokopie) sowie der Auswertung durch Datenbanken oder ähnliche Einrichtungen, vorbehalten.

Impressum:

Copyright © 2005 GRIN Verlag GmbH
Druck und Bindung: Books on Demand GmbH, Norderstedt Germany
ISBN: 978-3-638-67017-3

Dieses Buch bei GRIN:

http://www.grin.com/de/e-book/67380/optimierung-von-automobilteilen-mit-hilfe-von-evolutionaeren-algorithmen

GRIN - Your knowledge has value

Der GRIN Verlag publiziert seit 1998 wissenschaftliche Arbeiten von Studenten, Hochschullehrern und anderen Akademikern als eBook und gedrucktes Buch. Die Verlagswebsite www.grin.com ist die ideale Plattform zur Veröffentlichung von Hausarbeiten, Abschlussarbeiten, wissenschaftlichen Aufsätzen, Dissertationen und Fachbüchern.

Besuchen Sie uns im Internet:

http://www.grin.com/

http://www.facebook.com/grincom

http://www.twitter.com/grin_com

Julius-Maximilians-Universität Würzburg

Lehrstuhl für Informatik II

Praktikumsbericht zum Thema:

„Optimierung von Automobilteilen mit Hilfe von evolutionären Algorithmen und der Finite-Elemente-Methode"

Wintersemester 2004/05

vorgelegt am 04.05.2005 von

Carsten Krüger

Inhaltsverzeichnis

Abbildungsverzeichnis

Tabellenverzeichnis

1. Einleitung

1.1 Zielsetzung

Weltweit waren 1997 über 480 Millionen Autos in Betrieb, mit stark steigender Tendenz (ANSELM (1997), S. 19). Angesichts des Trends zu immer üppiger ausgestatteten und dadurch schwereren Fahrzeugen auf der einen Seite und der Problematik der Ressourcenknappheit und des Umweltschutzes andererseits scheint eine Gewichtsreduktion dringend geboten. Die Fahrzeugkarosserie besitzt den größten Einfluss auf die Sicherheit der Insassen und hat mit 25%-30% (ohne Glas und Stoßfänger) den größten Anteil am Gesamtgewicht eines Automobils (ebd., S. 151). Sie ist daher ein lohnendes Ziel um sowohl Steifigkeit als auch Gewicht zu optimieren. Nach ANSELM (1997, S. 147) ist eine Gewichtsreduktion um 10% bei Anwendung von „Wachstumssimulationen" möglich, jedoch ist nicht ganz klar, ob er sich hierbei konkret auf Evolutionäre Algorithmen bezieht.

Evolutionäre Algorithmen simulieren das Prinzip der Evolution (Weitergabe des Erbguts über Generationen, Mutation, Selektion etc.) und sind gut geeignet, komplexe mehrdimensionale Probleme zu lösen bzw. eine hinreichend gute Lösung zu ermitteln. Im Falle von mehreren berücksichtigten Zielgrößen gibt es in den seltensten Fällen eine Lösung, die alle Repräsentationen in allen Kriterien dominiert. Stattdessen existieren meistens mehrere pareto-optimale Lösungen, unter denen der Benutzer anhängig von seinen Präferenzen eine Entscheidung trifft.
Im Rahmen dieses Praktikums soll nun überprüft werden, inwieweit dieser Lösungsansatz auf Konstruktionsprobleme des Automobilbaus angewendet werden kann und ob dieses Verfahren Vorteile gegenüber den "klassischen" Konstruktionsmethoden aufweist. Dabei ist es nicht der Anspruch dieses Praktikums, tatsächlich praxisrelevante Ergebnisse zu produzieren. Dies wäre aufgrund der komplexen Problemstellung und Modellbildung zu umfangreich. Es handelt sich vielmehr um eine Machbarkeitsstudie, die untersuchen soll, welche Softwarepakete hierfür verfügbar sind und wie diese miteinander gekoppelt werden können. Deshalb soll zunächst an dem einfachen Modell eines zweidimensionalen Metallstreifens überprüft werden, welche Formen bzw. Materialdickeverteilungen die besten Steifigkeitseigenschaften bei gleichzeitig möglichst geringem Gewicht aufweisen.

1.2 Überblick

Der Einsatz von Evolutionären Algorithmen im Bereich der Konstruktion bzw. der Ingenieurswissenschaften wurde von vielen Arbeiten in verschiedensten Bereichen untersucht und beweist die Leistungsfähigkeit dieser Optimierungsform. So untersuchte z.b. SASAKI (2002) die Form des Flügels eines zukünftigen Überschallflugzeugs. Ziel der Optimierung war eine Minimierung des Überschallknalls bei gleichzeitig möglichst geringem Luftwiderstand. EBNER (2003b) verglich die Evolvierbarkeit von Szenen-Graphen in den 3D-Beschreibungssprachen OpenInventor und VRML am Beispiel der Effizienz von Rotorblättern.

Im Bereich des Automobilbaus sollen zwei Arbeiten erwähnt werden. KANAZAKI (2002) variierte mit Hilfe von Evolutionären Algorithmen Zusammenschlüsse und Rohrdurchmesser eines Abgaskrümmers. Durch eine Mehrzieloptimierung konnte sowohl eine bessere Katalysatorleistung durch eine höhere Abgastemperatur als auch eine höhere Motorenleistung erreicht werden. Die Untersuchung von YOSHIMURA (2003) konzentriert sich auf die Betrachtung des Querschnitts von Fahrzeugrahmen. Auch hier soll eine möglichst große Steifigkeit bei möglichst geringem Gewicht erreicht werden unter Verwendung eines genetischen Algorithmus. Jedoch werden die Individuen nicht mittels Finite-Elemente-Methode bewertet, sondern durch analytische Methoden. Dies ermöglicht einerseits eine sehr schnelle Berechnung (212 Sek. auf einem Pentium 2,4 GHz für 160.000 Bewertungen), andererseits bleibt eine derartige Analyse sehr einfachen Formen vorbehalten.

1.3 Grundlagen der Evolutionären Algorithmen

Durch Evolutionäre Algorithmen wird das Prinzip der Fortpflanzung von Lebewesen simuliert. Eine Population besteht wie in der Realität aus vielen Individuen, die jeweils eine Lösung des „Problems" darstellen. Was dieses Problem im Einzelfall ist, legt der Anwender durch die sogenannte Fitnessfunktion fest. Diese bestimmt die relevanten Größen, an denen ein Individuum gemessen wird. Analog zur Natur werden die Informationen eines Individuums in seinem Genom gespeichert. Um die Fitnessfunktion zu maximieren bzw. minimieren stehen die genetischen Operatoren

Mutation, Crossover und Selektion zur Verfügung. Bei der Selektion wird je nach Verfahren gemäß Darwins Gesetz („Survival of the fittest") ein gewisser Anteil der besten Individuen entweder zufällig oder deterministisch zu den Eltern der nächsten Generation. Die restlichen Individuen werden verworfen. Der Crossover bezeichnet den Austausch von Teilen des Erbguts zwischen zwei Eltern bei der Erzeugung eines neuen Individuums (EBNER (2003a)).

Grundsätzlich werden zwei Verfahren unterschieden. Bei einem *Genetischen Algorithmus* wird ein Individuum durch einen Bit-String kodiert, d.h. jedes Bit entspricht einem Gen. Andere Datentypen werden in die binäre Darstellungsweise überführt. Mit einer vom Anwender festgelegten Mutationswahrscheinlichkeit wird ein Gen „gekippt", d.h. sein Wert wird von „0" auf „1" gesetzt oder umgekehrt.

Ein anderes Konzept liegt bei den *Evolutionsstrategien* vor. Hier wird die Anzahl der zu selektierenden Individuen (μ) und die von jedem selektierten Individuum zu erzeugende Anzahl von Nachkommen (λ) von vorneherein festgelegt. Die Mutationen erfolgen kugelförmig, d.h. standardnormalverteilt mit einem Erwartungswert von 0 und einer Varianz von 1 / n je Gen, sodass der Zufallsvektor im Mittel die Länge 1 hat (EBNER (2003a)).

Die Verwendung dieser Verfahren in den durchgeführten Experimenten wird in Kapitel 3 näher beschrieben.

1.4 Grundlagen der Finite-Elemente-Methode (FEM)

Nachdem in den 40er bis 60er Jahren viele neue Methoden zur Lösung von Differentialgleichungen entwickelt wurden, erschien 1967 das erste Buch über FEM (KLEIN (1990), S. 2). Zusammen mit der Rechenleistung von Personalcomputern entwickelte sich die FEM schnell weiter, sodass sie seit den 80er Jahren zur Lösung von Problemen im Ingenieursbereich eingesetzt werden konnte. Das Prinzip der FEM beruht auf der Zerlegung einer komplexen Struktur in viele finite, also endlich große Elemente, deren physikalischen Eigenschaften bekannt sind. Durch die Verknüpfung der Elemente entsteht ein lineares Gleichungssystem, das numerisch gelöst wird (KUNOW (1998), S. 4). Ursprünglich in der Luft- und Raumfahrtindustrie eingesetzt, breitete sich die Nutzung schnell auf die Automobilindustrie aus. Die Anwendungsbereiche beschränken sich inzwischen nicht nur auf die Simulation von Materialverformung und –belastung; durch spezielle Pakete sind ebenso Strömungssimulationen, Akustiksimulationen, Wärmeleitungssimulationen und Simulationen von elektrostatischen und elektromagnetischen Feldern möglich (ebd., S. 2f.).

Die FEM für Festigkeitsprobleme lässt sich in vier Kategorien unterteilen (KLEIN (1990), S. 9). Die *lineare Elastostatik* ist geeignet für reversible, linear-elastische Verformungen. Außerdem darf die Verformung nur klein sein, damit die Kräfte als am unverformten Bauteil wirkend betrachtet werden können (STEINBUCH (1998), S. 76). In der *nichtlinearen Elastostatik* sind auch Belastungen über den linear-elastischen Bereich eines Materials hinaus möglich; es treten dann dauerhafte, plastische Verformungen oder sogar bei zu großer Belastung Materialrisse auf. In diesem Modell wird mit dem Inkrementalverfahren gearbeitet. Das bedeutet, dass ausgehend von einer bekannten Lösung iterativ in kleinen Zeitschritten solange neue Lösungen berechnet werden, bis das Ergebnis hinreichend exakt ist (KUNOW (1998), S. 226)

Beide Modelle können um den dynamischen Aspekt erweitert werden, d.h. Verschiebungen sind dann nicht nur orts- sondern auch zeitabhängig (KLEIN (1990), S. 188). Die *lineare* und *nichtlineare Elastodynamik* ermöglichen somit Untersuchungen von z.B. Eigenschwingungen und erzwungenen Schwingungen.

Auf die mathematisch-physikalische Begründung der Finite-Elemente-Methode wird an dieser Stelle verzichtet. Der interessierte Leser findet zu diesem Thema zahlreiche Literatur, z.B. KUNOW (1998), KLEIN (1990) oder STEINBUCH (1998).

2. Verwendete Komponenten

2.1 Modellbildung mit GiD 7.2

Bei GiD 7.2 handelt es sich um einen Pre- und Postprozessor. Preprocessing bedeutet, dass GiD verschiedene geometrische Formen zur Verfügung stellt, um ein zwei- oder dreidimensionales Modell zu erstellen. Durch das Anwenden von Operationen (Drehen, Duplizieren, Extrudieren, Verknüpfen u.a.) auf simple Formen können so beliebig komplexe Gebilde entstehen. Nachdem die geometrische Form feststeht, muss eine Gitterstruktur (englisch: mesh) für das Modell festgelegt werden. Dazu muss zunächst der Elementtyp gewählt werden (z.B. Dreiecks-, Vierecks-, Balken-, oder Pyramidenelement). Anschließend wird die Genauigkeit des Gitters über die Anzahl der zu verwendenden Knotenpunkte bestimmt. Die einzelnen Knotenpunkte werden nun gemäß der Elementvorgabe miteinander verknüpft. Bei Bedarf können besonders interessierende Regionen markiert werden, in denen die Gitterdichte dann vom Gittergenerator auf Kosten der Genauigkeit in anderen Regionen automatisch erhöht wird. Dabei ist zu beachten, dass ein feineres Gitter die realen Verhältnisse exakter abbildet, dies jedoch mit einem überproportionalen Anstieg der Rechenzeit erkauft werden muss. Bevor die Weitergabe des Modells an das FEM-Programm erfolgen kann, muss die Art des Export-Filters (in diesem Falle „Impact") festgelegt und die sogenannten Randbedingungen bestimmt werden. Unter Randbedingungen versteht man die Zuordnungen von Geschwindigkeiten, Beschleunigungen und Krafteinwirkungen zu einzelnen Knoten. Die akademische, kostenfreie Version von GiD unterstützt 700 2D-Elemente oder 3000 3D-Elemente, was für die Zwecke dieses Praktikums ausreichend war. Soll jedoch ein komplexeres Teil eines Automobils untersucht werden, dürfte diese Grenze schnell überschritten werden. Bereits das von Audi zur Verfügung gestellte Modell eines einfachen Schalters (im STL-Format) besteht aus 1752 3D-Elementen.

Das Postprocessing ist für die Auswertung der Daten nach der FEM-Berechnung des Modells zuständig. In dieser Arbeit wurde für die Berechnung das Programm Impact (siehe Kapitel 2.2) verwendet. Die von diesem generierte Ergebnisdatei (Dateiendung: „.res") kann von GiD gelesen und als Sequenz mit farblicher Visualisierung der Spannungen und Verschiebungen abgespielt werden.

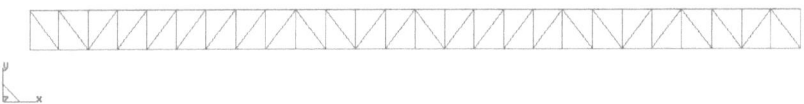

Abb. 1: Prototyp des Versuchsbleches (54 Knoten, 53 Elemente, Breite: 200, Höhe: variabel, hier 10)

Um die Verformung eines Bleches unter Krafteinwirkung untersuchen zu können, wurde ein zweidimensionales Modell entwickelt, welches einer Querschnittsbetrachtung entspricht, die Höhe entspricht also der Blechdicke. Dieses Modell besitzt eine Breite von 200 Einheiten und eine Höhe von 10 Einheiten, wobei diese später durch den Evolutionären Algorithmus variiert wird. Die Vernetzung wurde automatisch erstellt unter der Vorgabe, 54 Knotenpunkte zu verwenden. Die 53 Dreieckselemente wurden gleichmäßig über die Fläche verteile; in der Mitte befindet sich ein Balkenelement (siehe Abbildung 1). Die Randbedingungen (englisch: constraints) wurden wie folgt festgelegt: Der untere linke Knoten (Koordinate (0; 0), Knoten-Nr. 1) und der untere rechte Knoten (Koordinate (200; 0), Knoten-Nr. 53) wurden fixiert, d.h. es darf weder eine Geschwindigkeit noch eine Beschleunigung in einer der drei Dimensionen auftreten. Alle restlichen Punkte wurden in der X-Y-Ebene fixiert, sodass es sich um ein zweidimensionales Berechnungsmodell handelt. Auf den mittleren Knoten der X-Achse (Knoten-Nr. 27) wirkt eine Kraft (englisch: load) von 50 Einheiten ein, was einem simulierten Stoß von unten entspricht.

Versuche zeigten, dass die Eigenschaften dieses Modells sich nur unwesentlich von denen eines feiner vernetzten Modells unterscheiden. Durch den Evolutionären Algorithmus wird das Modell sehr oft (ca. 800-900 Mal in jedem durchgeführten Experiment) dem Berechnungsvorgang unterworfen, daher wurde versucht, die Anzahl der Elemente möglichst gering zu halten, um Rechenzeit einzusparen. Eine geringe Dicke des Modells (getestet: Höhe 2) führte zu unerwünschten Ergebnissen. Der Export aus GiD (Files → Export → Calculation File) erzeugt eine .in-Datei, welche bei Bedarf mit einem Texteditor angepasst und von Impact eingelesen werden kann.

2.2 Bewertung mit Impact 0.5.2b

Zunächst wurde die Verwendung der „Open Dynamics Engine" (ODE) in Betracht gezogen, um die Krafteinwirkung auf ein Testobjekt zu untersuchen (verwendet in EBNER (2003b)). Es handelt sich hierbei um eine Simulation physikalischer Vorgänge, d.h. es werden die Beschleunigungen, Geschwindigkeiten und Kräfte der einzelnen (eventuell miteinander verbundenen) Objekte berechnet. Da sich jedoch mit diesen dynamisch unveränderlichen Objekten keine Materialverformungen simulieren ließen, wurde von einer Verwendung abgesehen.

Das nächste auf seine Eignung untersuchte Programmpaket war das von INRIA und SDTools entwickelte OpenFEM, welches ein Zusatzmodul zu Matlab und Scilab ist. Es stellte sich jedoch heraus, dass es für die Zwecke dieses Praktikums ungeeignet war, da es lediglich lineare, also reversible Materialverformungen simulieren kann. Außerdem hätte sich eine Anbindung an das Evolvierungsprorgamm aufgrund der Matlab-spezifischen Programmierung schwierig gestaltet.

Bei der weiteren Suche nach einer geeigneten, kostenfreien FEM-Software entpuppte sich Impact als geeigneter Kandidat. Bei Impact handelt es sich um ein Open-Source-Projekt, das in Java geschrieben wird. Nach Aussage der Entwickler ist es das Ziel, eine möglichst einfach zu benutzende Finite-Elemente-Software mit explizitem Zeitschrittalgorithmus zu schreiben. Die Programmierung in Java bringt zwar leichte Performanceverluste mit sich, hat aber dafür Vorteile im Bereich der Objektorientierung und der Portabilität (IMPACT (2005)). Im Bereich der Finite-Elemente-Methode ist Impact der nichtlinearen Elastodynamik (siehe Kapitel 1.4) zuzuordnen, d.h. es sind Simulationen von großflächigen, plastischen Verformungen möglich.

Impact besteht aus drei Komponenten, die den jeweiligen Bearbeitungsschritten zugeordnet sind. Der *Preprozessor* dient der Modellbildung. Dieser Bearbeitungsschritt ist jedoch mit dem in Kapitel 2.1 beschriebenen GiD wesentlich komfortabler und einfacher zu bewältigen. Das Ergebnis der Modellbildung ist in beiden Fällen die sogenannte Problemdatei (Endung: .in). Diese beinhaltet alle Informationen, die für die Berechnung des Modells notwendig sind. Dazu gehören Betrachtungszeitraum, Koordinaten der Knotenpunkte, Elemente und ihre Bezugspunkte, verwendete Materialien, Restriktionen und einwirkende Kräfte. Mit dem *Prozessor* wird nun die eigentliche Berechnung durchgeführt. Zu den in der Problemdatei spezifizierten Zeitpunkten wird der Status des Modells (Verschiebungen und Spannungen an den einzelnen Punkten) ausgegeben. Alle Zwischen- und Endergebnisse werden in die Ergebnisdatei (Endung: .res) geschrieben und können entweder mit dem *Postprozessor* von Impact oder alternativ von GiD visualisiert werden.

Jedes durch den Evolutionären Algorithmus evolvierte Individuum stellte eine eigene Repräsentation des Metallstreifens dar, wobei das Genom die Blechdicke des Metallstreifens an allen Knotenpunkten der höher gelegenen Ebene (siehe Abbildung 1) oder an gewissen Stützstellen codierte. Die simulierte Verformung mit Impact diente dazu, den maximalen Wert der Verformung und das Gewicht der Repräsentation zu ermitteln. Je geringer das Gewicht und die Verformung ausfielen, desto besser wurde ein Individuum bewertet.

In der verwendeten Version 0.5.2b war es leider nicht möglich, ein mit GiD erzeugtes dreidimensionales Modell zu berechnen. Da GiD standardmäßig das sogenannte Tetrahedra-Objekt (pyramidenförmig) benutzt, um dreidimensionale Strukturen zu zerlegen und ein solches Element nicht in Impact existierte, war ein Export nicht möglich. Seit der Mitte März verfügbaren Version 0.5.4 von Impact ist dieses Element jedoch vorhanden.

Die zu verwendenden Materialien werden in der Problemdatei nicht explizit angegeben, sondern über ihre physikalischen Eigenschaften bestimmt. Im Falle der elastischen (reversiblen) Verformung ist die Angabe der Materialdichte, der Querkontraktion und des Elastizitätsmoduls notwendig. Sollen Verformungen im nichtlinearen Bereich berücksichtigt werden, muss zusätzlich die Dehngrenze und der Verlauf des Spannung-Dehnungs-Diagramms festgelegt werden. Diese Größen sollen nun kurz erläutert werden:

(Material-)Dichte

(englisch: density) Diese besitzt das Formelzeichen ρ (griechisch: rho) und ist definiert als das Verhältnis von Masse zu Volumen. Die SI-Einheit der Dichte ist kg/m^3, üblich sind auch Angaben in g/cm^3 oder g/Liter.

Typische Werte: $\rho = 7800\ kg/m^3$ (Stahl), $\rho = 2700\ kg/m^3$ (Aluminium)

Querkontraktion

Die Querkontraktionszahl ν (griechisch: nu) oder Poisson-Konstante bezeichnet den negativen Proportionalitätsfaktor, mit dem sich der Probendurchmesser verringert, wenn sich die Probe aufgrund einer Zugkraft verlängert. Aufgrund ihrer Definition ist sie dimensionslos (WHITE (1999), S. 288).

Formel: $\nu = -(\Delta D / D) / (\Delta L / L)$ [D = Durchmesser, L = Länge]
Typische Werte: 0,3 (Stahl), 0,33 (Aluminium)

Elastizitätsmodul

Bei geringer Krafteinwirkung verhält sich die Dehnung ε (griechisch: epsilon) einer Probe proportional zur Zugspannung σ (griechisch: sigma). Es gilt $E = \sigma / \varepsilon$ im linear elastischen Bereich (siehe Abb. 2), wobei E als Elastizitätsmodul oder Young's Modulus bezeichnet wird. Je größer der Wert ist, desto steifer ist das Material, d.h. es setzt seiner Verformung einen größeren Widerstand entgegen (WHITE (1999), S. 287).
Typische Werte: 190.000 bis 210.000 N/mm^2 (Stahl),54.000 bis 70.000 N/mm^2 (Al.)

Dehngrenze

(englisch: yield strength oder yield stress) Die Dehngrenze gibt an, wie stark eine Probe gedehnt werden kann, ohne dass sich eine plastische Verformung ergibt (siehe Abb. 2). Wird diese überschritten, kehrt das Material nicht in seine ursprüngliche Form zurück. Sie wird bestimmt als die Spannung, bei der sich eine Probenverlängerung von 0,2% ergibt (WHITE (1999), S. 288). Impact erwartet für elastoplastische Materialien die Angabe der Dehngrenze und einer

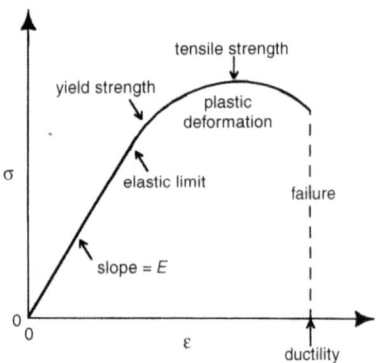

Abb. 2: Spannungs-Dehnungsdiagramm

(WHITE (1999), S. 288)

Steigung im plastischen Bereich („plastic modulus") oder einer durch Koordinaten (Dehnung; Spannung) festgelegten linear interpolierten Kurve, wobei die plastische Dehnung für die erste Koordinate 0 beträgt (IMPACT (2005), Users Manual).

Typische Werte: 235 bis 1000 N/mm^2 (Stahl), 110 bis 480 N/mm^2 (Aluminium)

2.3 Evolvierung mit ECJ 12

ECJ ist ein ebenfalls in Java geschriebenes Programmpaket zur evolutionären Problemlösung. Der Quellcode ist frei verfügbar und beherrscht Genetische Algorithmen, Genetische Programmierung, Subpopulationen, mehrere Selektions-mechanismen, Checkpointing und Multithreading. Auch Evolutionsstrategien werden zur Verfügung gestellt, jedoch nicht in dem üblichen, benötigten Umfang. Daher mussten die Mutationsschrittweitenregelung und die standardnormalverteilten Mutationen manuell implementiert werden (siehe Kapitel 2.4).

ECJ ist so angelegt, dass alle relevanten Informationen über den Problemtyp in einer Parameterdatei abgelegt werden. Diese kann über mehrere Ebenen vererbt werden, so dass auf der Benutzerebene nur die von den Standardeinstellungen abweichenden Parameter eingestellt werden müssen. Es sind auch Parameterübergaben auf Kommandozeilenbasis möglich, diese besitzen die höchste Priorität. Um Namensmehrdeutigkeiten zu vermeiden, wird empfohlen, für jedes Projekt einen eigenen Ordner im „ec"-Ordner anzulegen. Dieser Empfehlung wurde gefolgt; alle verwendeten Parameter- und Java-Dateien befinden sich im Ordner „/ec/praktikum". Aufgerufen wird der Evolvierungsvorgang mit dem Befehl „java ec.Evolve -file Datei.params", wobei „Datei" die zu verwendende Parameterdatei bezeichnet. Diese muss wiederum einen Verweis auf eine Java-Datei beinhalten, in der die Bewertung der Individuen anhand einer Fitnessfunktion durchgeführt wird. Um die Eigenschaften des Metallstreifens zu bewerten, wurde aus dieser Datei heraus unter Zuhilfenahme anderer Klassen eine Instanz des Impact-Prozessors gestartet und die zurückübermittelten Werte der Verformung und des Gewichts in die Fitnessfunktion eingesetzt (siehe Kapitel 2.4).

Standardmäßig wird in der Datei „out.stat" das beste Individuum jeder Generation, dessen Fitness und dessen Genom ausgegeben. Es können vom Benutzer jedoch beliebige andere Statistikdateien angelegt werden, die anschließend leichter weiterzuverarbeiten sind.

Ein kompletter Lauf des Evolutionären Algorithmus mit 800 Individuen-Bewertungen dauerte auf einem Pentium IV mit 3 GHz Taktfrequenz ca. zwei Stunden. Dabei ist zu beachten, dass das verwendete, zweidimensionale Modell nur einfachsten Ansprüchen genügt. Sollen quantitativ verwertbare Ergebnisse erzeugt oder kompliziertere Werkstücke evolviert werden, dürfte sich der Rechenaufwand schnell vervielfachen.

2.4 Eigene Komponenten

Um die einzelnen Problemdateien (diese bewerten die Individuen) klein und übersichtlich zu halten, wurden möglichst viele Funktionen ausgelagert und in anderen Klassen zusammengefasst. Außerdem war es nötig, gewisse Klassen von ECJ mit eigenen, erweiterten Klassen zu überlagern. Alle hier erläuterten Klassen befinden sich im Ordner „/ec/praktikum". Es folgen die selbst programmierten bzw. für die Zwecke dieses Praktikums angepassten Komponenten in alphabetischer Reihenfolge:

PraktikumHelper.java

Dies ist lediglich eine Hilfsklasse, die gelegentlich benötigt wird. Die erste Funktion ist die Erzeugung von Referenzbalken konstanter Dicke. Durch Variation der Dicke können Balken gleicher Masse oder Verformung ermittelt werden (siehe Kapitel 3). Die zweite Aufgabe ist die Berechnung der Y-Koordinaten der Modellknoten der oberen Ebene aus gegebenen Spline-Stützpunkten. Die Ergebnisse werden in eine Textdatei geschrieben, so dass sie leicht von Excel importiert werden können.

PraktikumIndividual.java

Diese Klasse erbt von der ECJ-Klasse `DoubleVectorIndividual` und erweitert sie um die Fließkommavariable „msw", was für Mutationsschrittweite steht. In ECJ muss jedes Individuum einer Klasse angehören, die anzeigt, welchen Datentyp das Genom besitzt. Außer im ersten durchgeführten Experiment wurde für alle Versuche ein Genom vom Typ „Double" verwendet. Die Erweiterung wurde notwendig, da ECJ keine Mutationsschrittweite bietet, diese jedoch große Effizienzgewinne verspricht. Die Mutationsschrittweite ist nun Eigenschaft eines jeden Individuums. Sie bestimmt das Ausmaß der Mutation, d.h. sie ist der Faktor, mit dem die zufallsgenerierte, normalverteilte Mutation skaliert wird. In der Klasse `PraktikumMutation` wird nicht nur das Genom, sondern auch die Mutationsschrittweite selbst mutiert.

PraktikumMutation.java

Die von ECJ angebotenen Mutationsmechanismen ermöglichen nur gleichverteilte, vom Ausgangswert des Gens unabhängige Mutationen. Dies führt zu suboptimalen Ergebnissen, da kleinere Variationen des Genotyps oft vielversprechender sind als wahllose Sprünge.

Diese Klasse basiert auf dem in ECJ enthaltenen Tutorial Nr. 2 (`OurMutator-Pipeline.java`) und ist von der ECJ-Klasse `BreedingPipeline` abgeleitet.

Zunächst wird überprüft, ob die Individuen vom Typ `PraktikumIndividual` sind. Dies ist notwendig, da sonst keine Mutationsschrittweitenregulierung möglich wäre. Die Konstante `ALPHA` wurde wie in EBNER (2003a, Kap. 6.2) vorgeschlagen auf den Wert 1,3 gesetzt. Die Mutationsschrittweite wird zufallsabhängig in jeweils einem Drittel der Fälle mit diesem Wert multipliziert, durch diesen dividiert oder unverändert gelassen. Aus zwei Zufallszahlen im Bereich zwischen 0 und 1 wird eine normalverteilte Zufallsvariable mit einem Erwartungswert von Null und einer in der Konstante `VARIANCE` einstellbaren Varianz generiert. Die so erzeugte Mutation wird mit der Mutationsschrittweite skaliert und auf den bisherigen Wert des aktuellen Gens addiert. Sollte ein zu niedriger oder zu hoher Wert für die Dicke des Metallstreifens resultieren, wird dies korrigiert (Minimale Dicke: 2,5; Maximale Dicke: 50). Durch Wegnahme der entsprechenden Kommentarzeichen kann auch für ein gewölbtes Werkstück eine Kontrolle der Blechdicke durchgeführt werden.

Um diese Klasse als Mutationsverfahren zu verwenden, muss sie in der Parameterdatei als sogenanntes „Pipe" der Spezies zugeordnet werden. Anschließend muss noch die Quelle des Pipes angegeben werden (meistens ein Selektionsverfahren), welche die zu mutierenden Individuen enthält. Beispiel:

```
pop.subpop.0.species.pipe = ec.praktikum.PraktikumMutation
pop.subpop.0.species.pipe.source.0 = ec.es.ESSelection
```

Als Ergebnis erhält man die mutierten Individuen.

PraktikumStatistik.java

Wie schon erwähnt, legt ECJ für jeden Lauf die Statistikdatei „out.stat" an. Da in dieser jedoch Fitness, Genom und andere Informationen abwechselnd ausgegeben werden, gestaltet sich eine weitere Auswertung der Daten in Excel unnötig schwierig. Um diesen Prozess zu vereinfachen, wurde eine neue Statistik-Klasse geschrieben. Ihr Code basiert auf den Klassen `MyStatistics` (Tutorial 3) und `SimpleStatistics` (Verzeichnis „simple") und leitet sich aus der Klasse `Statistics` ab. Auch hier wird überprüft, ob die Individuen vom Typ `PraktikumIndividual` sind. Die Verwendung erfolgt in der Parameterdatei folgendermaßen:

```
stat.num-children          = 1
stat.child.0               = ec.praktikum.PraktikumStatistik
stat.child.0.fitness-file  = name1.stat
stat.child.0.genotyp-file  = name2.stat
```

Es soll also eine zusätzliche Statistik-Klasse verwendet werden (Zeile 1), deren Quelle in Zeile 2 angegeben wird. In den Zeilen 3 und 4 müssen Dateinamen für die zu erzeugenden Statistikdateien vergeben werden. Die Ausgabe wird nach Fitness und Genotyp getrennt. In `fitness-file` wird für jede Generation die Fitness des besten Individuums und optional dessen Mutationsschrittweite in eine Zeile geschrieben. Analog erfolgt die Ausgabe in `genotyp-file` mit dem Genotyp des jeweils besten Individuums. Am Ende des Laufs werden in beide Dateien die Eigenschaften des insgesamt besten Individuums geschrieben. Ein Import dieser Textdateien in Excel (Trennzeichen: Leerzeichen) erzeugt nun direkt verwertbare Spalten. Eine weitere Statistikdatei mit detaillierteren Informationen kann bei Bedarf mit der Klasse `PraktikumTools` (siehe nächster Abschnitt) erzeugt werden.

PraktikumTools.java

In dieser Klasse sind alle Funktionen zusammengefasst, die von den Problemdateien zur Berechnung der Fitnessfunktion und damit zum Lösen des Modells benötigt werden. Der Konstruktor erwartet die Übergabe des Koordinaten-Arrays und speichert sie im globalen Array `coord[]`. Dieses enthält nun die Y-Koordinaten der Knotenpunkte der oberen Ebene des Modells (siehe Abb. 1) und bestimmt damit die Dickeverteilung des Metallstreifens.

Die Funktion `createModel(boolean round)` enthält die komplette von GiD generierte Impact-Problemdatei als String und setzt die in `coord[]` gespeicherten Y-Koordinaten in das Modell ein. Ist der übergeben Parameter `round` wahr, so werden die Y-Koordinaten der unteren Ebene auf eine Parabelform gebracht, was einem nach unten, entgegen der Stoßrichtung gewölbtem Metallstreifen entspricht. Die Parabelform ist im Array `coord_r[]` abgelegt und wird bei Verwendung eines geraden Werkstücks (`round = false`) in jedem Punkt auf Null gesetzt. Der Rückgabe-String `model` enthält das komplette Modell. Normalerweise wird diese Funktion nur von der nun folgenden aufgerufen.

Mit der Funktion `solveModel(booelan round)` wird die Schnittstelle zu Impact hergestellt. Das durch `createModel` erzeugte Modell wird in eine Datei (output_temp.in) geschrieben, deren Pfad an die Klasse `Smack` übergeben wird. Dies ist die Klasse in Impact, die den Simulationsvorgang berechnet. Sie wurde so modifiziert (siehe Kapitel 2.5), dass sie die Modellmasse und die maximalen Verformungen zu jedem Zeitschritt in eine Datei (max.txt) geschrieben wird. Exceptions während der Berechnung werden abgefangen, um nicht den kompletten Evolvierungsprozess zu gefährden. Nachdem die Berechnung abgeschlossen ist, werden die Werte aus der Datei eingelesen, die maximal aufgetretene Verformung ermittelt und in einem Array als Funktionswert zurückgegeben. Der erste Eintrag des Arrays beinhaltet die Modellmasse, im zweiten Eintrag wird die maximale Verformung gespeichert.

Ebenfalls von allen Experimenten benötigt wird die Fitnessfunktion. Mit `calcSimpleFitness(double mass, double deformation)` wird die Fitness nach folgender Formel berechnet: Fitness = 100 – 1000 * Masse – Deformation.

Durch die Gewichtung der Masse mit 1000 bewegen sich beide Variablen in der selben Größenordnung (ca. 15 bis 50). Dadurch soll ein ausgeglichenes Verhältnis zwischen Gewicht und Steifigkeit erreicht werden. Die Subtraktion beider Werte von 100 ist notwendig, da es sich um ein Minimierungsproblem handelt, ECJ jedoch eine Maximierung der Fitness vornimmt. In manchen Versuchen mit extremen Modellkoordinaten traten Deformationen kleiner als Eins auf. Da dies nicht realistisch ist, wurden solche Werte ebenso wie Fitnesswerte kleiner als Null ausgeschlossen.

Die Mehrzieloptimierung benötigt eine andere Form der Fitnessfunktion. Durch Aufruf von `calcMOFitness(double mass, double deformation)` wird ein Array nach folgenden Formeln erzeugt:

```
mofitness[0] = (float)(1.0 / (1.0 + 1000 * mass));
mofitness[1] = (float)(1.0 / (1.0 + deformation));
```

Diese Normierung ist notwendig, da die Fitnessfunktion auch hier maximiert wird und zwischen Null und Eins liegen muss. Die Skalierung der Masse dient der Vergleichbarkeit. Durch die Maximierung beider Kriterien entsteht ein sogenannter Pareto-Rand, auf dem sich alle Individuen befinden, die von keinem anderen Individuum dominiert werden. Ein Individuum wird dominiert, wenn ein anderes Individuum existiert, dass in allen Kategorien gleich und in mindestens einer Kategorien besser ist.

Die Methode `output(...)` gibt die Daten (Fitness, Masse, Deformation, Mutationsschrittweite) und eine grafische Repräsentation des zuvor evolvierten Individuums auf der Konsole aus. Dabei wird auch berücksichtigt, ob es sich um ein gerades oder gewölbtes Werkstück handelt. Des weiteren werden die erwähnten Daten und die zugehörigen Koordinaten jedes Individuums in eine Statistikdatei geschrieben. Dies ist nicht innerhalb der Klasse `PraktikumStatistik` möglich, da dort die Daten von Masse, Deformation (Verschmelzung in der Fitnessfunktion) und die kompletten Y-Koordinaten der oberen Ebene (Repräsentation evtl. nur durch Stützstellen) nicht mehr zur Verfügung stehen.

Problem*.java

Die Problemdateien wurden so benannt, dass hinter „Problem" zunächst die Bezeichnung des verwendeten Algorithmus (ES = Evolutionsstrategie, GA = Genetischer Algorithmus) und dahinter eine genauere Beschreibung des Problems geschrieben wurde. Die Parameter- und Statistikdateien folgen der selben Konvention. Die Vorgehensweise ist in allen Experimenten eine ähnliche. Zunächst wird überprüft, ob das Individuum vom richtigen Typ ist. Danach müssen die Werte des Genoms dem Koordinaten-Array `coord[]` zugeordnet werden (je nach Experiment direkt, durch Spiegelung oder durch Interpolation von Stützstellen). Dieses Array wird bei Erzeugung einer Instanz der `PraktikumTools`-Klasse dem Konstruktor übergeben. Durch den Aufruf von `solveModel(boolean round)` erhält man das Ergebnis-Array, mit dessen Werten die Fitnessfunktion berechnet werden kann. Durch die Zuweisung des neuen Fitnesswertes ist die Bewertung des Individuums abgeschlossen.

Spline.java

Diese Klasse wird für das in Kapitel 3.4 beschriebene Experiment benötigt. Sie ist unverändert von BUSS (2005) übernommen und basiert auf PRESS (1992).

2.5 Veränderte Impact-Komponenten

Es wurden folgende Impact-Klassen im Verzeichnis „/Impact/run" verändert:

FembicReader.java

Hier wurden an insgesamt 11 Stellen Konsolenausgaben unterdrückt, um die Ausgaben des Evolvierungsprozesses nicht zu beeinträchtigen. Diese Stellen wurden jeweils mit einem Kommentar „// PRAKTIKUM" gekennzeichnet.

Smack.java

Auch in dieser Klasse wurde an 29 Stellen eine Konsolenausgabe unterdrückt und dies durch einen Kommentar der Form „// PRAKTIKUM" kenntlich gemacht.
In Zeile 451 wird zunächst die Datei max.txt neu erstellt bzw. überschrieben und als erster Wert die Masse des Modells hineingeschrieben.

GidWriter.java

In Zeile 259 beginnt der geänderte Abschnitt. Zunächst wird in der Liste der Knotenpunkte nach dem Knoten mit maximaler Verschiebung in Y-Richtung gesucht. Die Verschiebung wird durch die Differenz zwischen ursprünglicher und aktueller Y-Koordinate bestimmt. Es wird also der am stärksten verformte Punkt als Bewertungskriterium für die Stabilität des Werkstücks herangezogen. Dieser Wert wird in die Datei max.txt geschrieben, welche nicht überschrieben, sondern im „Append"-Modus geöffnet wird. Dieser Prozess wiederholt sich für jeden durchgeführten Zeitschritt.

Die Speicherung der Werte in einer Textdatei mag zunächst ineffizient wirken. Es wäre jedoch ein wesentlich größerer Zeitaufwand gewesen, die gewünschten Werte in globalen Variablen zwischenzuspeichern und als Funktionswerte zwischen den Impact-Klassen zu übergeben. Außerdem minimiert dieses Vorgehen die nötigen Änderungen an den Originaldateien, was zum einen die Fehlerwahrscheinlichkeit und zum anderen den Änderungsaufwand beim Umstieg auf eine neuere Version von Impact senkt. Der wichtigste Grund ist jedoch, dass es mit dieser Vorgehensweise immer noch möglich ist, Impact unabhängig von ECJ mit seiner grafischen Benutzeroberfläche zu benutzen. Es muss lediglich auf die Ausgaben des aktuellen Status verzichtet werden. Der Performanceverlust dürfte unter 1% liegen, da die Evolvierung eines Individuums zwischen 5 und 15 Sekunden dauert und ein Dateizugriff maximal 0,1 Sekunden in Anspruch nimmt.

3. Durchgeführte Experimente

In allen Versuchen wurde Impact angewiesen, den Zeitschritt der Berechnungen automatisch zu bestimmen und die Simulation im Zeitfenster 0 bis 0,25 durchzuführen.

Der am Ende jeden Abschnitts mit den Ergebnissen verglichene Referenzbalken wurde experimentell bestimmt. Zu jedem evolvierten Metallstreifen wurde jeweils ein Streifen gleichmäßiger Dicke gesucht, der die selbe Verformung bzw. das selbe Gewicht aufweist. Somit kann eine Aussage getroffen werden, wie groß die Gewichtseinsparung bei gleicher Verformung bzw. wie groß der Gewinn an Steifigkeit bei gleichbleibendem Gewicht ist.

Außer im Falle der Mehrzieloptimierung wurde die „einfache", gewichtete Fitnessfunktion verwendet (Fitness = 100 − 1000 * Masse − Deformation).

3.1 Genetischer Algorithmus mit direkter Repräsentation

Nachdem die Schnittstelle zwischen ECJ und Impact hergestellt war, wurde der erste Versuch mit Hilfe einer gegenüber den mitgelieferten Beispielen kaum veränderten Parameter- und Problemdatei durchgeführt. Die Funktionsweise eines Genetischen Algorithmus wurde in Kapitel 1.3 erläutert. Der Wert eines Gens repräsentierte in diesem Experiment direkt die Y-Koordinate eines zugeordneten Knotenpunkts der oberen Ebene (siehe Abb. 1). Im folgenden wird sich auf diese Art der Repräsentation unter dem Begriff „direkte Repräsentation" bezogen. Die genaue Zuordnung kann der Klasse `PraktikumTools` entnommen werden. Das Genom hatte also eine Länge von 27 und wurde vom Typ `IntegerIndividual` gewählt. Die Population enthielt 30 Individuen und wurde über 30 Generationen betrachtet. Als Selektionsmethode wurde `TournamentSelection` verwendet; die Mutations-wahrscheinlichkeit betrug 1 % und die Crossoverwahrscheinlichkeit 100% (Ein-Punkt-Crossover). Es wurde das Mutationsverfahren von ECJ genutzt, d.h. die Mutationen erfolgten gleichverteilt. Da nicht anders angegeben, wurde standardmäßig mit einer zufällig erzeugten Initialpopulation gestartet. Der Lauf war auf einem Pentium IV 3 GHz nach 3 Stunden beendet. Das Ergebnis war nicht zufriedenstellend, da die Individuen sich über die Generationen kaum durch Mutation und Crossover veränderten und selbst das beste Individuum des Laufs eine sehr unregelmäßige, zackige Form aufwies (siehe Abb. 3b; die Fläche zwischen X-Achse und Kurve entspricht dem Querschnitt des Werkstücks). Die Fitness steigerte sich bis auf 54,33, ohne jedoch eine echte Konvergenz zu erreichen (siehe Abb. 3a). Trotzdem konnte im Vergleich zu den Referenzstreifen eine Gewichtsreduktion um 8,67% bzw. eine Verbesserung der Steifigkeit um 12,95% erreicht werden.

Um die Ausgangsbedingungen im nächsten Versuch zu verbessern, wurde eine Startpopulation mit jeweils 10 Individuen der gleichmäßigen Dicke 10, 20, 30 und 40 verwendet. Die Mutationswahrscheinlichkeit wurde auf 2% erhöht und ein Zwei-Punkt-Crossover kam zum Einsatz. Nach 20 Generationen (Dauer: 2 Stunden) zeigte sich, dass die Fitness der Ausgangspopulation zwar wesentlich höher liegt, die Zuwächse aber umso schwächer ausfallen. Ab Generation 16 fand keine Verbesserung mehr statt (siehe Abb. 3a). Der Stufenform des besten Individuums sieht man deutlich an, dass es hauptsächlich durch Crossover erzeugt wurde; es finden sich kaum Stellen, die (verursacht durch Mutationen) von den Dicken der Anfangsindividuen abweichen (siehe Abb. 3b). Die Verbesserungen gegenüber den Referenzstreifen betrugen in diesem Versuch 13,17% im Gewicht oder 19,58% in der Steifigkeit.

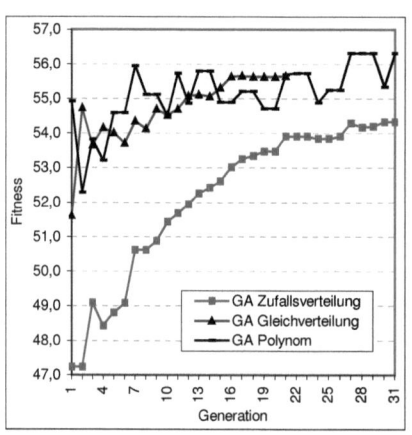

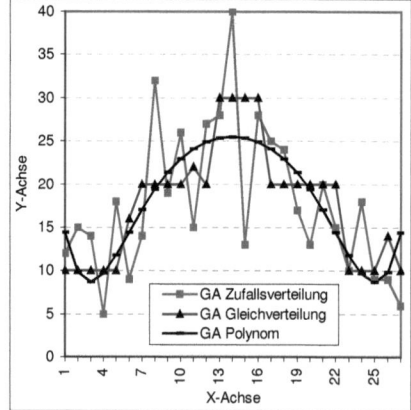

Abb. 3: (a) Entwicklung der Fitness (b) Repräsentationen der besten Individuen
(Maßstab horizontal gestaucht)

3.2 Genetischer Algorithmus mit Polynomrepräsentation

Die bis zu diesem Zeitpunkt erzeugten Ergebnisse waren leider sehr realitätsfern. Gerade im Hinblick auf den Fertigungsprozess von Blechen ist es so gut wie ausgeschlossen, derart kantige Formen zu fertigen. Das nächste Experiment sollte durch Verwendung eines Polynoms für die Repräsentation für weichere Übergänge in der Form des Metallstreifens sorgen. Verwendet wurden Polynome vom Grade 6 deren ungeraden Exponenten gleich Null gesetzt wurden, um eine horizontal symmetrische Form zu erreichen. Das Genom kodierte also die Koeffizienten x^0, x^2, x^4 und x^6 und hatte dadurch die Länge 4. Um aus den Werten des Genoms die Y-Koordinaten der Knotenpunkte zu erhalten, wurde die Knotennummer abzüglich 13 als Funktionswert in das Polynom eingesetzt. Dadurch wird eine horizontal symmetrische Form erreicht, deren Spiegelachse durch den mittleren Knotenpunkt verläuft. Bei der Konvertierung des Genoms in die Y-Koordinaten der oberen Knotenpunkte wurden die Koeffizienten mit zunehmender Größe durch höhere Konstanten dividiert, um zu große Veränderungen zu vermeiden. Die Gene konnten Werte zwischen −100 und 100 annehmen, die Mutationswahrscheinlichkeit lag bei 10%. Das Ergebnis nach 3 Stunden waren wie erwartet glättere Formen, die beim besten Individuum zu einer Fitness von 56,32 führten (Gewichtseinsparung von 15,15% oder Steifigkeitsverbesserung von 21,87%). Das von Rechenberg aufgestellte Prinzip der starken Kausalität besagt jedoch, dass kleine Änderungen am Genotyp zu kleinen Änderungen der Fitness des Phänotyps führen sollen (EBNER (2003a), Kap. 4.2). Diese Forderung wird durch die Polynomrepräsentation nicht erfüllt, da gerade bei den höheren Koeffizienten kleine Änderungen zu komplett neuen Formen führen können. Die Fitnessfunktion veranschaulicht diese Tatsache, da sie ein sehr sprunghaftes Verhalten aufweist (siehe Abb. 3a). Aus diesem Grund wurde im nächsten Versuch wieder die direkte Repräsentation verwendet.

3.3 Evolutionsstrategie mit Spiegelung

Der Begriff „Evolutionsstrategie" wird in ECJ auf die Verwendung des (μ,λ)- bzw. $(\mu+\lambda)$-Selektionsverfahrens beschränkt. Es wird jedoch auch hier mit gleichverteilten Mutationen gearbeitet, welche sich in den ersten Versuchen nur als bedingt brauchbar erwiesen. Um „echte" Evolutionsstrategien im Sinne von EBNER (2003a,

Kap. 6.2) implementieren zu können, wurde die Klasse `PraktikumMutation` programmiert, die normalverteilte Mutationen mit einem Erwartungswert von Null und einer festlegbaren Varianz ermöglicht.

Um die Dimension des Suchraums zu reduzieren und so eine höhere Fortschrittsgeschwindigkeit der Evolution zu ermöglichen, wurden in diesem und allen nachfolgenden Experimenten die Y-Koordinaten der oberen Knotenpunktebene am mittleren Knotenpunkt (Nr. 14 von 27 auf der X-Achse) horizontal gespiegelt. Es wird also immer noch die aus Kapitel 3.1 bekannte direkte Repräsentation verwendet, wobei die Länge des Genoms auf 14 gesunken ist. Die Koordinaten der 13 rechten Knotenpunkte werden also aus den 13 linken Werten gespiegelt reproduziert. Da die Krafteinwirkung auf den Metallstreifen zentral von unten erfolgt, ist nicht davon auszugehen, dass eine asymmetrische Materialverteilung von Vorteil wäre.

Es wurde eine (5,20)-Evolutionsstrategie gewählt, d.h. in jeder Generation wurden die besten 5 Individuen selektiert und erzeugten jeweils 4 Nachkommen, sodass die Populationsgröße 20 betrug. Dieser Prozess wurde über 40 Generationen wiederholt. Ein Crossover wurde nicht verwendet. Es wurde eine kleinere Population und dafür eine höhere Generationenanzahl im Vergleich zu den letzten Versuchen gewählt, um den nun relativ kleinen (dafür permanent auftretenden) Mutationen Zeit zu geben, möglichst effiziente Strukturen zu bilden. Für die Varianz der

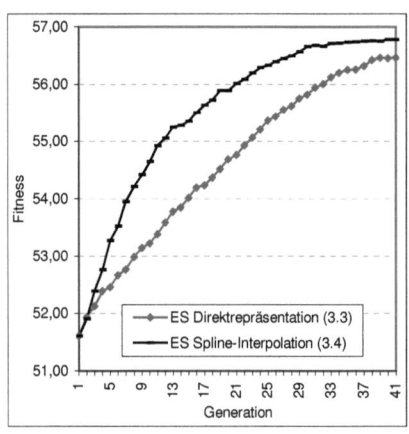
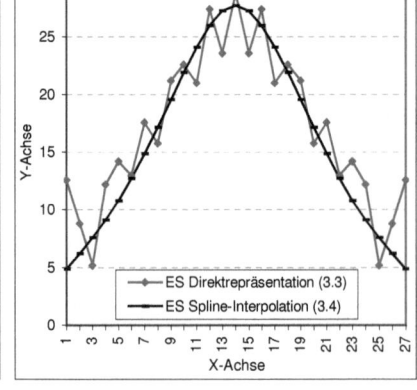

Abb. 4: (a) Entwicklung der Fitness (b) Repräsentationen der besten Individuen
(Maßstab horizontal gestaucht)

normalverteilten Mutationen wurde ein Wert von 0,2 gewählt. Die Startpopulation bestand aus jeweils 10 Individuen der konstanten Dicke 10, 20, 30 und 40, wobei nur Individuen der Dicke 20 die erste Generation überlebten.

Das beste Individuum des Laufs (Dauer: 1,5 Stunden) wies erstaunlicherweise eine sehr zackige Form auf (siehe Abb. 4b). Intuitiv gesehen müsste eine glatte Oberfläche bessere Steifigkeitseigenschaften aufweisen, da jede Einkerbung der Oberfläche zu einer leichteren Verformung führt. Die Zacken müssen sich jedoch evolutionär herausgebildet haben, da mit einer gleichverteilten Dicke gestartet wurde. Die Schlussfolgerung hieraus ist, dass der Simulationsvorgang in Impact eine zackige Form zumindest nicht bestraft.

Die Fitness steigerte sich mit Ausnahme des letzten Wertes in jeder Generation und nahm einen fast linearen Verlauf an (siehe Abb. 4a); eine Konvergenz wurde nicht erreicht. Der   Fitnesswert des besten Individuums betrug 56,46, was einer Gewichtsreduktion von 15,54% oder einer Steifigkeitserhöhung um 22,02% gegenüber den Referenzbalken entspricht. Eine größere Varianz der Mutationen würde zwar schneller Fortschritte erzielen, andererseits wäre damit eine „Feinabstimmung" eines Individuums so gut wie unmöglich. Insofern handelt es sich bei der verwendeten Varianz um einen Kompromiss.

3.4 Evolutionsstrategie mit Spline-Interpolation

Wie in Kapitel 3.2 gezeigt wurde, besitzen Polynome die wünschenswerten Eigenschaften, „glatte" Übergänge zu schaffen und durch die geringe Anzahl an Koeffizienten die Dimension des Suchraums stark einzuschränken. Der Nachteil der starken Variation des Phänotyps bei kleinen Änderungen der hohen Koeffizienten kann vermieden werden, indem im Genom nicht die Koeffizienten des Polynoms, sondern Stützstellen der Dickeverteilung gespeichert werden. Dadurch wird die Kopplung des Phänotyps und damit der Fitness an den Genotyp garantiert. Um die endgültige Form zu erhalten, werden die zwischen den Stützstellen liegenden Koordinaten interpoliert. Eine Polynom-Interpolation nach der Lagrange- oder Hermite-Methode ist nicht zu empfehlen, da diese besonders bei vielen, äquidistanten Stützstellen zu Oszillationen neigt. Besser eignet sich in diesem Fall die sogenannte Spline-Interpolation. Der Begriff stammt aus dem Schiffsbau, wo mit einem biegsamen Lineal die Form der Beplankung ermittelt wird. Dieses Lineal nimmt bei Fixierung an mehreren Stellen die Form an, in der die geringsten Spannungen auftreten. Mathematisch entspricht diese Form einer stückweisen kubischen Funktion, deren ersten und zweiten Ableitungen an den Stützstellen übereinstimmen (HOLZER (2004), S. 1f.). Eine Java-Implementierung der Spline-Interpolation fand sich in BUSS (2005) und wurde unverändert übernommen. Dem Modell des Metallstreifens wurden sieben äquidistante Stützstellen zugeordnet. Dieser Wert ergab sich experimentell; es war die größtmögliche ungerade Anzahl an Stützstellen, die keine scharfkantigen Formen mehr zuließ. Die Anzahl sollte ungerade sein, da sich ansonsten durch die Spiegelung in der Mitte eine gerade Fläche ergeben hätte, die eventuell suboptimal ist. Da die Materialverteilung horizontal symmetrisch erfolgen soll, wurden die drei rechten Stützstelle an der mittleren gespiegelt, so dass das Genom lediglich vier Werte codieren musste. Durch diese Repräsentation wurden die Vorteile der glatten Oberfläche und der Komplexitätsreduktion unter Einhaltung des Prinzips der starken Kausalität genutzt.

Der Lauf fand wie das letzte Experiment mit einer (5,20)-Evolutionsstrategie über 40 Generationen bei einer Varianz der normalverteilten Mutationen von 0,2 ohne Crossover statt. Die Form des besten Individuums ähnelt einer Standard-normalverteilung; sie wirkt (außer an den Randpunkten) wie eine „gleitender Durchschnitt" des besten Individuums im vorhergehenden Experiment (siehe Abb. 4b). Die im letzten Kapitel geäußerte Befürchtung der Vorteilhaftigkeit zackiger Formen wurde also nicht bestätigt. Die Fitness verbesserte sich wie im letzten Experiment bis auf wenige Ausnahmen in jeder Generation, dominiert jedoch dessen Fitnessentwicklung eindeutig und ähnelt im Verlauf einer logarithmischen Funktion. Sie endet bei einem Wert von 56,78, was einer Verbesserung im Vergleich zum letzten Experiment um 0,32 Fitnesspunkten entspricht (siehe Abb. 4a). Die Verbesserungen gegenüber den Referenzstreifen betragen 16,53% (Gewicht) bzw. 22,58% (Steifigkeit).

3.5 Evolutionsstrategie mit gewölbtem Werkstück

Bisher wurde in allen Experimenten ein zentraler Stoß von unten auf eine ebene Fläche simuliert. Nun soll untersucht werden, wie sich eine Wölbung der Probe in Richtung des Stoßes auf die Ergebnisse auswirkt. Dazu werden die Modell-Koordinaten der unteren Ebene nicht mehr auf der X-Achse angeordnet

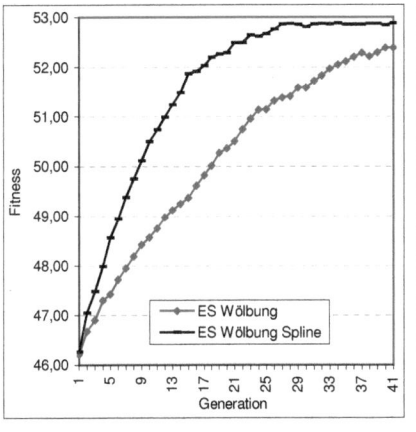 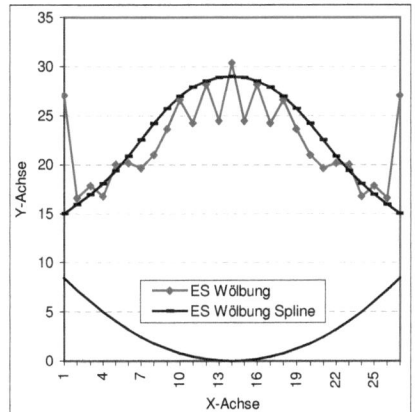

Abb. 5: (a) Entwicklung der Fitness (b) Repräsentationen der besten Individuen
(Maßstab horizontal gestaucht)

(Y-Koordinaten = 0), sondern in eine Parabelform gebracht (verwendete Formel: $y = 0,05 * (x - 13)^2$, wobei x die Knotennummer auf der X-Achse beschreibt). Dies führt dazu, dass die Randpunkte um 8,45 Einheiten nach oben verschoben werden. Knotenpunkt Nr. 13 bildet die Mitte der X-Achse und wird als Scheitelpunkt der Parabel nicht verschoben. In den Java-Problemdateien muss nun beim Aufruf der Methode `solveModel(boolean round)` der Parameter `round` auf `true` gesetzt werden, damit die Y-Koordinaten der unteren Ebene in der eben beschriebenen Weise angepasst werden.

Auf dieses modifizierte Modell werden nun die aus Kapitel 3.3 und 3.4 bekannten Evolutionsmechanismen angewendet. Die Parameter wurden unverändert belassen, um eine Vergleichbarkeit der Modelle zu ermöglichen. Die in Abbildung 5 mit „ES Wölbung" bezeichneten Kurven wurden durch die in Kapitel 3.3 beschriebene Evolutionsstrategie mit direkter Repräsentation erzeugt. Die „ES Wölbung Spline" benannten Kurven entstammen der Evolutionsstrategie mit Stützstellen-Repräsentation und Spline-Interpolation (Kapitel 3.4). Beide Verfahren starteten wieder mit einer Initialpopulation gleichmäßiger Dicke, wobei die Wölbung der Ausgangsform berücksichtigt wurde. In Abbildung 5b ist das nach unten gewölbte Profil des Metallstreifens eingezeichnet (unterste Kurve). Das eigentliche Material befindet sich also zwischen der untersten und einer der beiden oberen Kurven (je nach Verfahren).

Vergleicht man Abbildungen 4a und 5a, so bemerkt man kaum qualitative Unterschiede der Kurven. Die anfängliche Fitness liegt in Abbildung 5a jedoch wesentlich niedriger (5,33 Einheiten). Dieser Rückstand setzt sich bis zum Ende des Laufs fort, wo er 3,9 Einheiten beträgt. Es zeigt sich, dass die Verschlechterung der Fitness auf eine höhere Masse zurückzuführen ist, während die Verformung annähernd konstant bleibt. Bereinigt man die Kurven aus Abbildung 5b um den Wölbungseffekt, so nehmen sie dennoch eine größere Querschnittsfläche ein als in Kapitel 3.3 bzw. 3.5.Diese Ergebnisse legen die Vermutung nahe, dass ein nach unten gewölbtes Werkstück bei gleicher Kraft und Fläche größere Verformungen als ein ebenes erfährt. Durch eine Erhöhung der Querschnittsfläche und damit des Gewichts werden die Verformungen konstant gehalten, sodass die Bedingungen der (gewichteten) Fitnessfunktion möglichst gut erfüllt werden.

Merkwürdigerweise bildeten sich bei der Evolutionsstrategie mit direkter Repräsentation in diesem Experiment ähnliche Strukturen heraus wie in Kapitel 3.3. Auch hier dominiert im mittleren Bereich eine starke Zackenbildung, während die Randpunkte auffällig hohe Koordinaten aufweisen. Die Frage ist, warum sich während der Evolvierung nicht die glatten Formen durchsetzen, die (wie die Spline-Interpolation zeigt) eine höhere Fitness aufweisen (siehe Abb. 4 und 5).

Gegenüber gewölbten Referenzbalken konstanter Dicke konnte eine Reduzierung des Gewichts um 17,35% (Spline: 18,56%) oder eine Verbesserung der Steifigkeit um 26,82% (Spline: 29,92%) erreicht werden. Auf den ersten Blick wirkt es paradox, dass die Fitness in diesem Experiment niedriger liegt, die Verbesserungen gegenüber den Referenzbalken jedoch größer Ausfallen. Die Stabilisierung der Steifigkeit durch den Evolutionsvorgang wirkt im gewölbten Fall anscheinend besonders gut, was jedoch durch eine Gewichtszunahme erkauft wird und damit die Fitness verschlechtert.

3.6 Evolutionsstrategie mit Mutationsschrittweitenregulierung

Im folgenden soll wieder von einem ebenen, ungewölbten Balken ausgegangen werden. Die bisherigen Experimente mit Spline-Interpolation (Kapitel 3.4 und 3.5) zeigten zufriedenstellende Ergebnisse; es wurden Lösungen nahe des Optimums gefunden, was durch die Konvergenz der Fitnesskurve angezeigt wird. Bei der Mutationsschrittweite musste jedoch immer ein Kompromiss eingegangen werden.

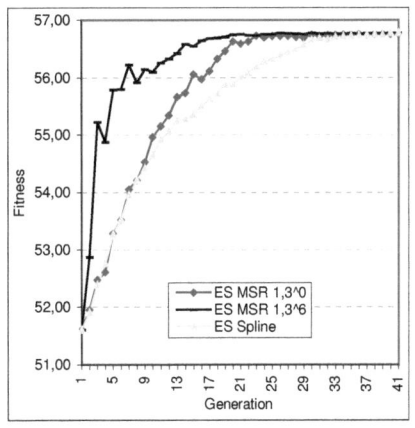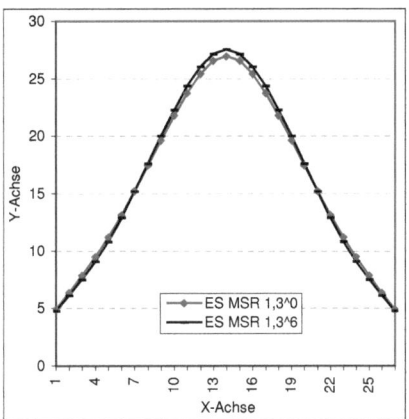

Abb. 6:   (a) Entwicklung der Fitness   (b) Repräsentationen der besten Individuen
(Maßstab horizontal gestaucht)

Eine hohe Mutationsschrittweite ermöglicht zwar schnelle Fortschritte am Anfang der Evolvierung, dagegen verhindern die relativ großen Änderungen eine „Feinabstimmung" der Individuen im Konvergenzprozess. Im aktuellen Experiment sollte daher die Mutationsschrittweite variabel gestaltet werden. Das bedeutet, dass jedem Individuum eine eigene Mutationsschrittweite zugeordnet wurde, mit der die normalverteilten Mutationen dieses Individuums skaliert werden. Zu diesem Zweck wurde eine Klasse `PraktikumIndividual` geschaffen, die von der sonst verwendeten Klasse `DoubleVectorIndividual` erbt und diese um die Variable `msw` erweitert. Der Startwert der Mutationsschrittweite war für jedes Individuum gleich. Die Klasse `PraktikumMutation` wurde so angepasst, dass nicht nur das Genom mutiert wird, sondern auch die Mutationsschrittweite selbst. Mit einer Wahrscheinlichkeit von jeweils einem Drittel wurde die Mutationsschrittweite mit der Konstante `ALPHA` (in diesem Experiment `ALPHA = 1,3`) multipliziert, durch diese dividiert oder unverändert belassen. Es wird erwartet, dass sich diejenigen Individuen durchsetzen, deren Mutationsschrittweite der aktuellen Situation am besten angepasst ist, wobei sich dieser Wert im Evolutionsprozess ändert. Am Anfange eines Laufs sollten Individuen Vorteile aufweisen, deren Mutations-schrittweite relativ hoch ist. Gegen Ende sollten kleinere Mutationsschrittweiten dominieren, um feinere Justierungen des Genotyps zu ermöglich.

Es wurden zwei Läufe durchgeführt mit den aus Kapitel 3.4 bekannten Parametern. Der erste Lauf wurde mit einer einheitlichen Mutationsschrittweite von 1 (= $1,3^0$)

begonnen, der zweite Lauf startete mit Individuen der Mutationsschrittweite 4,826809 (= 1,3⁶). Die beste erzielte Fitness betrug 56,76 (Start-MSW = 1,3⁰) bzw. 56,78 (Start-MSW = 1,3⁶), was keine Verbesserung im Vergleich zur Evolutionsstrategie mit Spline-Interpolation (Kapitel 3.4) darstellt. Der zweite Lauf erreichte exakt die dortige maximale Fitness, der erste Lauf lag lediglich 0,02 Fitnesspunkte darunter (siehe Abb. 6a).

Der Vorteil der Mutationsschrittweitenregulierung wird erst deutlich, wenn man die Konvergenzgeschwindigkeit betrachtet. Der erste Lauf weist ab Generation 9 eine deutlich stärkere Steigerung der Fitness auf, als dies in Kapitel 3.4 der Fall ist, was zu einer schnelleren Konvergenz führt. Zum Vergleich wurde diese Kurve ebenfalls in Abbildung 6a eingefügt (Bezeichnung: „ES Spline"). Eine noch rasantere Steigerung der Fitness konnte im zweiten Lauf beobachtet werden, wo sich nach kürzester Zeit ein sehr hohes Fitnesslevel einstellte. Die Konvergenz wurde hier nochmals deutlich schneller erreicht (siehe Abb. 6a). Betrachtet man die Generationenanzahl, die für das Erreichen der letzten 0,1 Fitnesspunkte notwendig sind als Maß für die Schnelligkeit der Konvergenz, so ergeben sich Werte von 10 (statische MSW; „ES Spline"), 19 (Start-MSW = 1,3⁰; „ES MSR 1,3^0") und 25 (Start-MSW = 1,3⁶; „ES MSR 1,3^6") (siehe Abb. 6a). Dies verdeutlicht die Zunahme der Konvergenzgeschwindigkeit bei Verwendung der Mutationsschrittweitenregulierung. Im letzten Fall erreicht die Fitness bereits nach 15 von 40 Generationen einen Wert, der nur 0,1 Fitnesspunkte unter dem Maximum liegt.

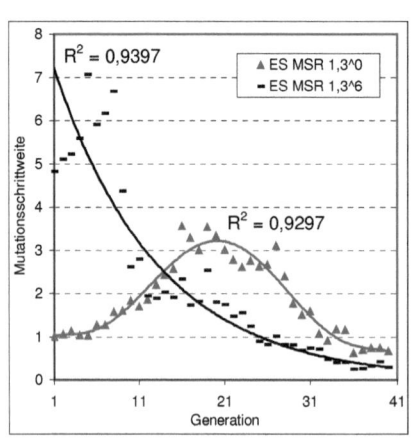

Abb. 7: Entwicklung der Mutationsschrittweiten

In Abbildung 7 sind die durchschnittlichen Mutationsschritt- weiten jeder Generation in Abhängigkeit des Evolutionsverlaufs dargestellt. Die polynomische Trendlinie des ersten Laufs erklärt die Entwicklung der Mutationsschrittweiten sehr gut (Bestimmtheitsmaß = 0,9297) und ähnelt einer Standardnormalverteilung. Die durchschnittliche Mutationsschrittweite der Individuen steigt erst an, da zu Beginn des Laufs größere Schrittweiten vorteilhaft sind und fällt genau ab der Hälfte des Laufs (Generation 20) wieder ab. Der Start mit einer sehr hohen Mutationsschrittweite (zweiter Lauf) entspricht der Methode des „Simulated Annealing" (zu deutsch: Ausglühen). Analog zum Vorgang des Metallhärtens wird zunächst mit einer hohen „Temperatur" (d.h. großen Mutationen) gearbeitet. Im Zeitverlauf nimmt die Temperatur und analog die Mutationsschrittweite exponentiell ab (EBNER (2003a), Kapitel 1.2). Genau dieses Verhalten zeigt sich in Abbildung 7. Die exponentielle Trendlinie des zweiten Laufs besitzt ein Bestimmtheitsmaß von 0,9397, d.h. es kann begründet ein exponentieller Zusammenhang angenommen werden. Der hohe Startwert ist dem des ersten Laufs vorzuziehen, da er die Forderung nach hohen Mutationsschrittweiten am Anfang und kleineren gegen Ende besser erfüllt, was sich an der höheren Fortschrittsgeschwindigkeit zeigt.

Die Form der besten Individuen unterscheidet sich kaum. Die Kurven aus Kapitel 3.4 und dem zweiten Lauf dieses Kapitels erreichen nicht nur den gleichen Fitnesswert, sondern sind auch mit bloßem Auge nicht zu unterscheiden. Daher wurde auf eine Darstellung in Abbildung 6b verzichtet. Das beste Individuum des ersten Laufs, das 0,02 Fitnesspunkte weniger erreicht, weist ebenfalls nur minimale Unterschiede in der grafischen Darstellung auf (siehe Abb. 6b).

Daraus resultieren auch die kaum gegenüber Kapitel 3.4 abweichenden Werte gegenüber den Referenzbalken. Die Verbesserungen betragen 16,46% (1. Lauf) bzw. 16,5% (2. Lauf) beim Gewicht oder 22,53% (1. Lauf) bzw. 22,69% (2. Lauf) in der Steifigkeit.

3.7 Alternative Materialien

Die bisherigen Experimente verwendeten ausnahmslos Stahl als Werkstoff. Da Aluminium als Werkstoff in der Automobilindustrie inzwischen recht weit verbreitet ist, sollte dieses Material nun zum Einsatz kommen. In der in `PraktikumTools` enthaltenen Impact-Problemdatei wurden nun die Materialparameter für Stahl durch jene für Aluminium ersetzt (`E = 73.08075; RHO = 0.00000277; NU = 0.33`). Ansonsten wurden alle Parameter gegenüber dem zweiten Lauf in Kapitel 3.6 konstant gehalten (Start-Mutationsschrittweite = $1{,}3^6$). Die Fitnessentwicklung weist einen sehr ähnlichen Verlauf zu Kapitel 3.7 auf, auch hier wird die Konvergenz bereits nach 15 Generationen erreicht (siehe Abb. 8a). Die Fitness liegt insgesamt höher, da die Dichte von Aluminium lediglich 35,5% der Stahl-Dichte beträgt und trotzdem eine akzeptable Stabilität aufweist. Sowohl Gewicht als auch maximale

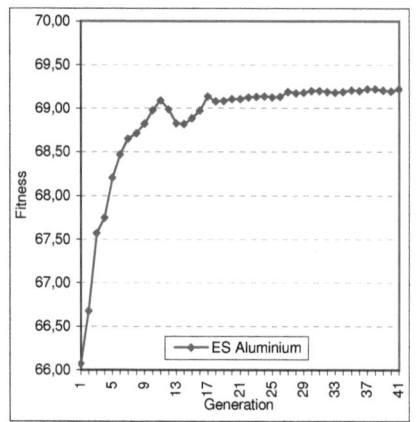 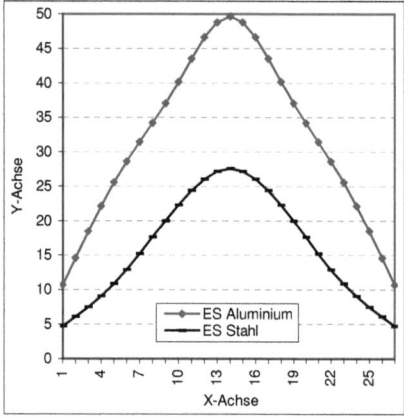

Abb. 8: (a) Entwicklung der Fitness (b) Repräsentationen der besten Individuen
(Maßstab horizontal gestaucht)

Verformung liegen beim besten Individuum deutlich unter den Werten der vorhergehenden Experimente. Die Fläche des Probenquerschnitts vergrößert sich deutlich (siehe Abb. 8b); statt 27,56 im Falle von Stahl beträgt die maximale Dicke in diesem Versuch 49,7. Unabhängig von diesem Unterschied entspricht die Form in etwa wieder einer Glockenkurve. Die Gewichtseinsparung gegenüber den Referenzbalken (ebenfalls aus Aluminium) fällt in diesem Experiment mit 14,82%

leicht schwächer aus als in Kapitel 3.6, dafür kann die Festigkeit um 23,9% verbessert werden. Die Relationen zwischen optimiertem und konstantverteilten Streifen ändern sich also nicht bei einem Materialwechsel zu Aluminium. Die Steigerung der Fitness um 12,44 Punkte im Vergleich zum besten mit Stahl erreichten Wert ist ein bemerkenswerter Fortschritt. Jedoch muss dieser in der Realität eventuell durch höhere Material- und Produktionskosten erkauft werden.

3.8 Mehrzieloptimierung

Als letztes Experiment wurde eine Mehrzieloptimierung durchgeführt. Das bedeutet, dass Individuen nun nicht mehr anhand eines einzelnen Werts (wie in der gewichteten Fitnessfunktion), sondern in mehreren Kriterien verglichen werden. Im untersuchten Fall sind die zwei Kriterien Masse und Deformation. Ein Individuum ist nur dann eindeutig einem anderen überlegen, wenn es in keiner Kategorie schlechter und in mindestens einer Kategorie besser ist. Dieser Vergleich wird als Pareto-Kriterium bezeichnet (EBNER (2003a), Kapitel 9.1).

ECJ bietet einen Mehrzieloptimierungsmechanismus namens SPEA2 an. Dieser stellt eigene Fitness- und Tournament-Selektions-Klassen zur Verfügung, welche auch genutzt wurden. Es handelte sich also nicht mehr um eine Evolutionsstrategie im engeren Sinne. Eine per Parameter festlegbare Anzahl an Individuen wird in

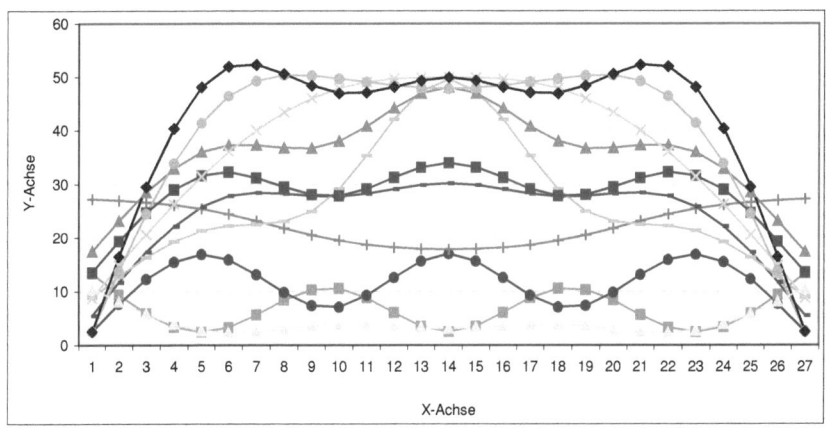

Abb. 9: Repräsentation ausgewählter Individuen der 30. Generation

einem Archiv gespeichert. Die genaue Wirkungsweise dieses Mechanismus konnte ebenso wie die Zusammenstellung des Mehrziel-Fitnesswertes aus Zeitgründen leider nicht nachvollzogen werden. Es wurden normalverteilte Mutationen bei einer Start-Mutationsschrittweite von $1,3^6$ genutzt. Wie in den letzten Versuchen erfolgte die Codierung der Modellkoordinaten im Genom der Länge 4 durch die Spline-Stützstellen. Die Initialpopulation wurde zufällig bestimmt, um von Anfang an einen möglichst breiten Pareto-Rand zu ermöglichen. Die Evolvierung erfolgte mit 30 Individuen über 30 Generationen hinweg. SPEA2 nimmt eine Maximierung der Einzelfitnesswerte vor, daher wurde durch die in Kapitel 2.4, Abschnitt PraktikumTools beschriebene Weise das Minimierungs- in ein Maximierungsproblem umgewandelt.

Abbildung 9 zeigt eine Auswahl an Individuen-Repräsentationen der letzten Generation. Von extrem dünnen bis hin zu sehr massiven Proben sind viele verschiedene Formen vertreten. Davon weisen zwar die wenigsten die in den letzten Experimenten als optimal ermittelte Form der Glockenkurve auf, dies kann aber aufgrund der geringen Individuenanzahl und der dadurch in den meisten Fällen auftretende Nichtvergleichbarkeit auch nicht erwartet werden.

Abbildung 10 zeigt den für die Mehrzieloptimierung typischen Pareto-Rand, der entsteht, wenn man in einem Koordinatensystem die Kriterien gegeneinander aufträgt. Je weiter unten und links sich ein Individuum befindet, desto vorteilhafter sind seine Eigenschaften, da es dann eine geringe Masse mit einer kleinen Verformung kombiniert. In diesem Experiment sind die (extremen) Ränder relativ stark besetzt, während im sich im (ausgeglichenen) mittleren Bereich nur zwei Individuen befinden. Zwei Individuen weisen eine Deformation von Null auf. Dies passiert selten bei extremen Formen, z.B. wenn diese zu dünn sind. In solchen Fällen sollte in Zukunft die Fitness des jeweiligen Bereichs durch die Fitnessfunktion

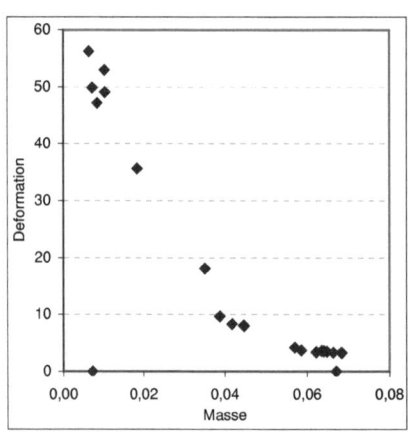

Abb. 10: Pareto-Rand bei Mehrzieloptimierung

automatisch auf Null gesetzt werden. Die Anzahl der Individuen in der Grafik beträgt lediglich 22 (statt der erwarteten 30). Dies liegt wahrscheinlich an der auf den Wert 8 gesetzten Archivgröße. Hier sind weitere Nachforschungen notwendig.

	Direkte Repräsent.	Spline	Wölbung	Wölbung & Spline	MSR 1,3^0	MSR 1,3^6
Kapitel	3.3	3.4	3.5	3.5	3.6	3.6
Individuen	20	20	20	20	20	20
Generationen	40	40	40	40	40	40
Dauer in Std.	1,5	1,5	1,5	1,5	1,5	1,5
Max. Fitness	56,46	56,78	52,38	52,88	56,76	56,78
Gewichtseinsparung	15,54%	16,53%	17,35%	18,56%	16,46%	16,50%
Steifigkeitsverbesserung	22,02%	22,58%	26,82%	29,92%	22,53%	22,69%
Konvergenz[1]	4	10	5	15	19	25

[1] Anzahl der Generationen, um die letzen 0,1 Fitnesspunkte zu erreichen (größerer Wert steht für schnellere Konvergenz)

Tabelle 1: Ergebnis-Tabelle der Evolutionsstrategien

4. Fazit

4.1 Zusammenfassung der Ergebnisse

Wie schon in der Einleitung erwähnt wurde, sollte dieses Praktikum eine Machbarkeitsstudie darstellen, inwiefern sich Evolutionäre Algorithmen im Konstruktionsprozess von Automobilteilen nutzen lassen. Die Problemstellung wurde auf die Betrachtung der Dickeverteilung eines Bleches abstrahiert, da sonst der zeitliche Aufwand zu groß geworden wäre. Trotz der relativ einfachen Problemstellung ist eine Lösung nicht intuitiv erkennbar.

Das Hauptziel dieses Praktikums, die Kopplung einer FEM-Software an einen Evolutionären Algorithmus, wurde erreicht. Es wurde eine Schnittstelle zwischen beiden Programmpaketen hergestellt, sodass die Individuen automatisiert bewertet werden konnten. Da ECJ wichtige Instrumente von Evolutionsstrategien, wie normalverteilte Mutationen oder eine Mutationsschrittweitenregulierung, vermissen lässt, mussten diese als zusätzliche Komponenten implementiert werden. Die Ergebnisse der Experimente zeigen eindeutig die Vorteile dieser Mechanismen.

Die in den Experimenten gewonnenen Erkenntnisse sollen im folgenden kurz zusammengefasst werden.

Eine der ersten Beobachtungen war, dass extrem geformte Individuen mit einem großen Unterschied zwischen maximaler und minimaler Dicke die Rechenzeit deutlich verlängern (Faktor 2 bis 3). Da diese Individuen zugleich nicht realitätsnah sind, sollten solche Formen vermieden werden.

Ein erstaunliches Ergebnis war, dass sich in den Experimenten der Kapitel 3.3 und 3.5 bei Verwendung der direkten Repräsentation jeweils zackige Muster der gleichen Art ergaben, obwohl der Vergleich mit der Spline-Interpolation zeigte, dass mit glatten Oberflächen höhere Fitnesswerte erzielt werden können (siehe Tabelle 1).

Die Verwendung eines entgegen der Stoßrichtung gewölbten Werkstücks verschlechterte die Fitness deutlich (siehe Kapitel 3.5). Die leichtere Verformbarkeit dieser Struktur musste durch einen höheren Materialeinsatz stabilisiert werden. Lässt sich ein Einsatz einer solchen Form aber nicht vermeiden, ist der Einsatz eines Evolutionären Algorithmus besonders lohnend. In keinem anderen Versuch konnten Gewicht und Stabilität im Vergleich zu einem Referenzbalken konstanter Dicke so stark verbessert werden (siehe Tabelle 1).

Kapitel 3.2 und 3.4 zeigten, dass das Genom eines Individuums möglichst wenig Werte codieren sollte, solange die Vielfalt der gewünschten erzeugbaren Formen dadurch nicht eingeschränkt wird. Dadurch wird die Dimension der Suchraums verkleinert und ein Optimum leichter gefunden. Um einen sprunghaften Verlauf der Fitnessentwicklung zu vermeiden und eine kontinuierliche Steigerung zu ermöglichen, muss das von Rechenberg aufgestellte Prinzip der starken Kausalität eingehalten werden, nach dem kleine Veränderungen des Genotyps kleine Änderungen der Fitness bewirken sollen.

Die Verwendung der Mutationsschrittweitenregulierung stellte unter Beweis, dass das Auffinden bzw. Annähern eines Optimums in wesentlich kürzerer Zeit erfolgen kann. Um eine um 0,1 Fitnesspunkte vom besten Individuum abweichende Konstellation zu finden, benötigte das in Kapitel 3.6 beschriebene Verfahren nur 15 Generationen, während das Verfahren ohne Mutationsschrittweitenregelung aus Kapitel 3.4 unter sonst gleichen Vorraussetzungen erst nach 30 Generationen konvergierte. Dies entspricht einer Halbierung der Rechenzeit. Die erreichte Fitness war in beiden Fällen exakt gleich hoch.

	Aluminium	Mehrziel-Optimierung
Kapitel	3.7	3.8
Individuen	20	30
Generationen	40	30
Dauer in Std.	1,25	-
Max. Fitness	69,22	-
Gewichtseinsparung	14,82%	-
Steifigkeitsverbesserung	23,9%	-
Konvergenz[1]	25	-

[1] Anzahl der Generationen, um die letzten 0,1 Fitnesspunkte zu erreichen (größerer Wert steht für schnellere Konvergenz)

Tabelle 2: Ergebnis-Tabelle der restlichen Versuche

Das Experiment aus Kapitel 3.7 sollte einen Vergleich verschiedener Materialien ermöglichen. Aufgrund seiner geringeren spezifischen Dichte konnte mehr Material zur Verhinderung von Verformungen eingesetzt werden. Sowohl Gewicht als auch Verformungen konnten drastisch reduziert werden, so dass die gewichtete maximale Fitness .um 21,9% auf den höchsten in allen Experimenten gemessenen Wert von 69,22 stieg.

Die Mehrzieloptimierung in Kapitel 3.8 erzeugte eine breite Variation an effizienten Individuen, wobei die Optimierungsspielräume bei vielen Individuen noch nicht ausgereizt waren. In diesem Gebiet sind weitere Untersuchungen mit größeren Populationen notwendig, da sonst der Selektionsdruck nicht hoch genug ist.

4.2 Ausblick

Diese Arbeit eröffnet interessante Perspektiven für weitere Entwicklungen. Mit der seit Mitte März verfügbaren Version 0.5.4 von Impact ist es nun möglich, dreidimensionale GiD-Modelle zu berechnen, was weitere Anwendungsfelder öffnet. Das Ziel weiterer Untersuchungen könnte sein, kompliziertere, reale Bauteile mit diesem Verfahren zu optimieren und somit qualitative und quantitative Gestaltungsempfehlungen zu geben.

In der vorliegenden Arbeit wird lediglich der qualitative Aspekt behandelt. Um weitergehende Aussagen machen zu können, muss zunächst die Genauigkeit der von Impact produzierten Ergebnisse überprüft werden (z.b. durch Vergleiche mit kommerziellen FEM-Programmen), sowie eine einheitliche Einheitenbasis der physikalischen Größen verwendet werden. Sollen quantitativ verwertbare Ergebnisse erzeugt werden, müssen Modellbildung und die Wahl der Umgebungsvariablen wohl überlegt sein. So können z.b. kleine Abweichungen der Materialparameter einen großen Einfluss auf die Ergebnisse ausüben.

Es darf gespannt beobachtet werden, in welcher Qualität die verwendeten kostenfreien Programmpakete reale Vorgänge simulieren und optimieren können.

Literaturverzeichnis

- **ANSELM, D. (1997):** Die Pkw-Karosserie, *1. Auflage, Vogel-Verlag*
- **BUSS, F. (2005):** Homepage, *http://www.frank-buss.de/Spline.java, 23.3.2005*
- **EBNER, M. (2003a):** Skript zur Vorlesung „Evolutionäre Algorithmen", *Universität Würzburg*
- **EBNER, M. (2003b):** Evolutionary Design of Objects Using Scene Graphs, *EuroGP2003, 6th European Conference on Genetic Programming, S. 47-58*
- **ECJ (2005):** Dokumentation zu ECJ 12, *http://cs.gmu.edu/~eclab/projects/ecj/ec.zip, 17.1.2005*
- **GID (2005):** Dokumentation zu GiD 7.2, *http://gid.cimne.com, 17.1.2005*
- **HOLZER, S.M. (2004):** Spline-Interpolation, *Institut für Mathematik und Bauinformatik, Universität der Bundeswehr München, http://www.bauv.unibw-muenchen.de/~bauv1/download/lehre/IngInf/Skript/SplineInterpolation.pdf, 22.3.2005*
- **IMPACT (2005):** Dokumentation zu Impact 0.5.2b, *http://impact.sourceforge.net/, 17.1.2005*
- **KANAZAKI, M., OBAYASHI, S. MORIKAWA, M. und NAKAHASHI K. (2002):** Multiobjective Design Optimization of Merging Configuration for an Exhaust Manifold of a Car Engine, *PPSN, The 7th international conference on parallel problem solving from nature, S. 281-287*
- **KLEIN, B. (1990):** FEM – Grundlagen und Anwendungen der Finite-Elemente-Methode, *1. Auflage, Vieweg-Verlag*
- **KUNOW, A. (1998):** Finite-Elemente-Methode – Anwendungen und Lösungen, *1. Auflage, Hüthig-Verlag*
- **PRESS, W.H., TEUKOLSKY, S.A., VETTERLING, W.T., FLANNERY, B.P. (1992):** Numerical recipes in C, *2. Auflage, Cambridge University Press*
- **SASAKI, D., YANG, G., OBAYASHI, S. (2002):** Automated Aerodynamic Optimization System for SST Wing-Body Configuration, *9th AIAA/ISSMO Symposium and Exhibit on Multidisciplinary Analysis and Optimization, Atlanta*
- **STEINBUCH, R. (1998):** Finite Elemente - Ein Einstieg, *1. Auflage, Springer-Verlag*
- **WHITE, M.A. (1999):** Properties of materials, *1. Auflage, Oxford University Press*

- **YOSHIMURA, M., NISHIWAKI, S., IZUI, K. (2003):** A Concurrent Design Method for Multiple Cross-sectional Automotive Body Frames Involving Discrete and Continuous Design Variables, *Proceedings of DETC2003: ASME Design Engineering Technical Conferences and Computers and Information in Engineering Conferences DETC2003/DAC-48784 (2003), S. 1-9*